一招防身全图解系列

一击必杀 一招制敌

Unarmed Combat

徒手格斗

一学就会

一招防身全图解编写组 编

本书主编：孟进蓬 夏犇犇 刘唱

化学工业出版社

·北京·

徒手格斗技巧源自军警格斗术，防身必备。

军警格斗术是为了满足军事需要，整合多种格斗技巧和武术流派的长处，以快速制敌、自我防卫为出发点的格斗搏击体系。

《徒手格斗一学就会》所介绍的徒手格斗术主要是军警擒拿格斗术，俗称擒拿格斗或擒敌拳。该技术科学地运用人体骨骼经络灵活伸张，综合各门派拳术在实战中的发挥和特点，以最简单的动作、最快的速度取得防护和杀敌最有利的效果。作为一门综合性高、实用性强的搏击术，徒手格斗术除了在军警、安保等人员执行任务、同犯罪分子进行搏斗中不可或缺外，也是普通人民群众防身抗暴、制止侵害、保全财产的重要手段之一。

《徒手格斗一学就会》想要与你分享的内容具有以下特点：
- 简单易学
- 一招制敌
- 自我防卫效果好
- 无任何限制要求

图书在版编目（CIP）数据

徒手格斗一学就会／一招防身全图解编写组编．—北京：化学工业出版社，2015.5（2020.11重印）
（一招防身全图解系列）
ISBN 978-7-122-23658-6

Ⅰ.①徒… Ⅱ.①一… Ⅲ.①格斗－图解　Ⅳ.①G852.4-64

中国版本图书馆CIP数据核字（2015）第079219号

责任编辑：宋　薇　　　　　　　　装帧设计：张　辉
责任校对：王素芹

出版发行：化学工业出版社（北京市东城区青年湖南街13号　邮政编码 100011）
印　　装：中煤（北京）印务有限公司
880mm×1230mm　1/32　印张 $4\frac{3}{4}$　字数 168千字　2020年11月北京第1版第7次印刷

购书咨询：010-64518888　　　　　　售后服务：010-64518899
网　　址：http://www.cip.com.cn
凡购买本书，如有缺损质量问题，本社销售中心负责调换。

定　价：35.00元　　　　　　　　　　　　　　　　　　版权所有　违者必究

前言
PREFACE

　　军警格斗中的徒手格斗和武术搏击运动中的击倒对方和以点数取胜截然不同,其最初设计理念是:士兵在主战武器以及自卫武器弹药用尽以后,通过徒手格斗来杀伤敌人,完成指定军事任务和自卫防身。所以即便在武器装备已经较为发达的今天,徒手格斗仍旧被广泛纳入到军事训练体系中,在陆军街头巷战、军警反恐任务、国家重大任务安保工作中发挥着重大作用。

　　徒手格斗不仅吸收了太极拳、迷踪拳、长拳、南拳、少林擒拿等众多传统武术中擒、摔等技击技术,而且融合了世界流行的散打、自由搏击、截拳道、拳击、跆拳道、巴西柔术、泰拳等搏击元素,其搏击技术全面,踢、打、摔、拿、攻防结合,深得众家之精髓。在徒手格斗的训练过程中,锻炼者可以逐步坚强自身的意志品质,完善个人的对抗能力,面对突然袭击等意外状况时可以防身抗暴、制止侵害、保护财产安全。

目录
CONTENTS

第1章 格斗基础——一招技击 ... 1
一、上肢技击 ... 2
 1. 攥指技击 ... 2
 2. 握拳技击 ... 3
 3. 掌部技击 ... 6
 4. 肘部技击 ... 9

二、下肢技击 ... 12
 1. 膝部技击 ... 12
 2. 腿脚技击 ... 15

三、肩摔技击 ... 23
 1. 侧摔 ... 23
 2. 过肩摔 ... 25

四、锁喉技击 ... 27
 1. 十字衣领绞杀 ... 27
 2. 抓衣领绞杀 ... 27
 3. 压迫颈动脉窒息 ... 28
 4. 掐气管窒息 ... 28

五、反关节利用与擒拿技击 ... 29
 1. 反旋腕关节 ... 29

2. 内折腕关节············30
3. 拉臂折肘············31
4. 压肘别肩············32
5. 拽拉肩关节···········33
6. 抵压膝关节···········33

第 2 章　常用招式组合技击 ············35

一、直拳撞膝盖············36
二、按头别臂折腕···········38
三、侧面勾踢抢攻···········41
四、侧面踹腿砸颈擒敌·········44
五、背后踹腿锁喉擒敌·········46
六、拉头撞膝接锁颈··········48
七、抓腕劈颈接撞膝拧臂········51
八、抓腕拧臂············53
九、拉颈别摔············55
十、闪身掏腿按颈摔··········57
十一、挑臂背摔············59
十二、抄腿绊摔············61
十三、连踢压颈············63
十四、抱腿接横接反击·········65
十五、抱腿别压············69
十六、抱腿踹膝············71
十七、卡喉绊腿············74

目录
CONTENTS

十八、抱腿绊摔 …………………………………… 76

十九、抱腿后挂摔 ………………………………… 78

二十、连击踢裆夹锁颈 …………………………… 82

二十一、踹腿锁喉 ………………………………… 84

二十二、抱腿擒臂 ………………………………… 86

二十三、转身反击 ………………………………… 89

二十四、连击踢裆别臂 …………………………… 92

第3章 被动解脱技巧 …………………………… 97

一、解脱对肩与臂的控制 ………………………… 98

   1. 折手压肘 ……………………………………… 98

   2. 抓手击肋 …………………………………… 100

   3. 撞膝锁肩 …………………………………… 102

   4. 转身缠臂按压折 …………………………… 105

   5. 转身反抓臂 ………………………………… 107

   6. 拧手踢裆 …………………………………… 110

   7. 外拧敌手接肘击 …………………………… 112

   8. 后踹解脱敌抓后衣领 ……………………… 115

二、解脱对方搂抱控制··································116
 1. "头撞击肋推摔"摆脱正面搂抱················116
 2. "顶膝锁臂"解脱正面缠绕·····················118
 3. "踩脚肘击"解脱背后双臂搂抱················120
 4. "掰手扭臂"解脱背后抱腰······················123
三、解脱对方的勒喉控制······························125
 1. "撞肘顶膝"解脱正面双手锁喉················125
 2. "踩脚接肘后击"解脱背后锁颈·················128
 3. "转身缠臂击肘"解脱背面双手锁喉···········130
 4. "撩裆击面推摔"解脱侧面锁喉················133
 5. "插目弹踢大别臂"解脱后面锁喉···············136
 6. "抱腿摔"解脱背后锁喉··························140
 7. "击裆撞头"解脱按压掐颈······················142

第1章

格斗基础——一招技击

一、上肢技击

1. 攥指技击

（1）点击肩窝

（2）顶击咽喉

2. 握拳技击

（1）上勾下颌

（2）勾击心窝

（3）反砸面颊

（4）斜劈颈部

第1章 格斗基础——一招技击

（5）下劈锁骨

（6）直击胸部

3. 掌部技击

（1）砍颈

（2）切肘

第1章 格斗基础——一招技击

（3）托颌

（4）推胸

（5）撞腰

4. 肘部技击

（1）横顶肘击敌颈部

（2）横击肘击敌头部

徒手格斗一学就会

（3）上挑肘击敌下颌

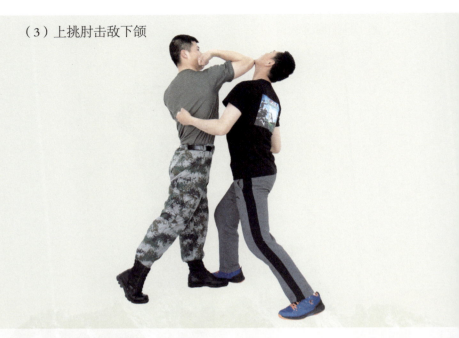

（4）横扫肘击敌面颊

(5)前撞肘击敌胸部

(6)下砸肘击敌锁骨

二、下肢技击

1. 膝部技击

（1）抱头下压前撞膝击敌腹部或头部

（2）抱颈下压顶膝击敌裆部

（3）侧顶膝击敌大腿外侧

（4）侧顶膝击敌大腿内侧

（5）向上撞击敌面颊

2. 腿脚技击

（1）正面截击敌膝关节

（2）正蹬击敌膝关节内侧

（3）横扫击敌小腿

（4）横扫击敌膝关节

（5）边腿击敌肋部

（6）弹踢击敌裆部

（7）侧身踹击敌腹部

（8）左脚截击敌右脚背破防鞭腿

（9）右脚截击敌大腿

（10）左腿勾踢敌右膝外侧

（11）右脚蹬踏敌右大腿内侧

（12）接腿转身横击摔

第1章 格斗基础——一招技击

（13）侧闪防敌直拳进攻，抓拉跳闪踩踏敌腘窝使其摔倒

三、肩摔技击

1. 侧摔

挡抓敌左摆拳,同时直拳击敌胸部;右脚进步转身抱腰摔;控制敌手踩敌脸。

徒手格斗一学就会

2. 过肩摔

格挡直拳击敌胸，近身转体过肩摔。

徒手格斗一学就会

四、锁喉技击

1. 十字衣领绞杀

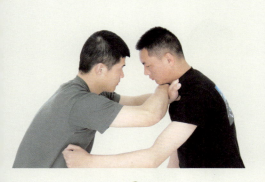

2. 抓衣领绞杀

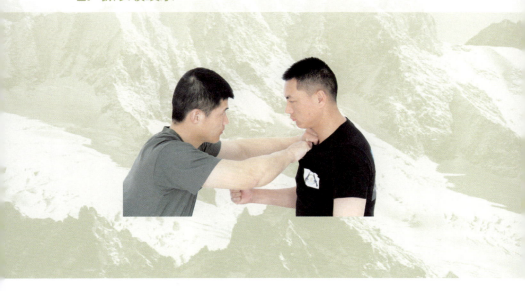

3. 压迫颈动脉窒息

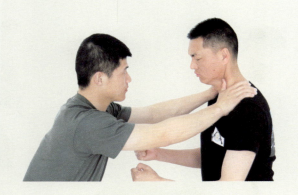

4. 掐气管窒息

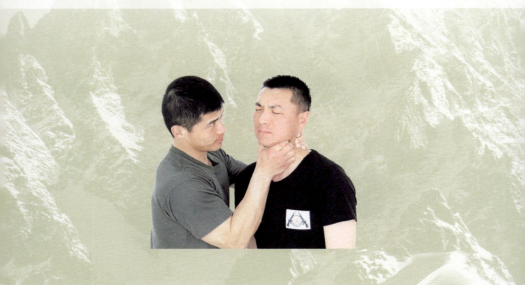

五、反关节利用与擒拿技击

1. 反旋腕关节

敌右手抓我衣领，我左手抓敌手背，右手反旋敌腕。

2. 内折腕关节

敌左手抓我右手腕，右手抓我大臂，我按压控制敌后右手外展内旋，左手迅速内折敌腕。

3. 拉臂折肘

外旋折肘、肩托折肘、搬压折肘。

4. 压肘别肩

我左手挡抓防敌左摆拳,右手由内向外夹击控制敌肘关节,双手扣实压肘别肩。

第1章 格斗基础——一招技击

5. 拽拉肩关节

6. 抵压膝关节

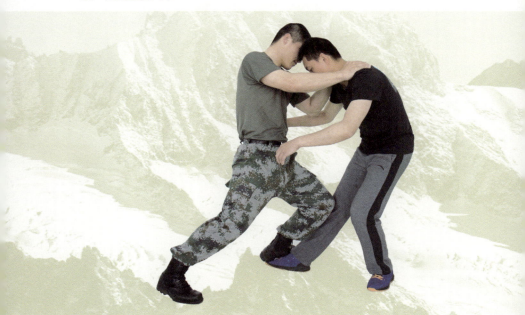

第 2 章

常用招式组合技击

一、直拳撞膝盖

直拳抢攻,插掌抱颈,下压撞膝,前下压摔,击头踩踏。

第 2 章　常用招式组合技击

二、按头别臂折腕

腿抢攻后拉颈下压，撞膝别臂制敌折腕。

第 2 章　常用招式组合技击

徒手格斗一学就会

三、侧面勾踢抢攻

从侧面偷袭,勾踢使敌失去重心摔倒后拉臂压头制服。

徒手格斗一学就会

第 2 章　常用招式组合技击

四、侧面踹腿砸颈擒敌

踹击敌膝关节,撞膝接砸颈。

第 2 章　常用招式组合技击

五、背后踹腿锁喉擒敌

踹膝使敌跪地后锁喉,又称按头勒喉。

第 2 章　常用招式组合技击

六、拉头撞膝接锁颈

挡击后拉头下压撞膝砸肘接锁颈。

第 2 章　常用招式组合技击

背面示意图

七、抓腕劈颈接撞膝拧臂

拨挡抓敌手腕，劈颈撞膝接反关节拧臂制服。

徒手格斗一学就会

八、抓腕拧臂

敌出拳后抓敌手腕控制手臂后关节拧臂制服。

徒手格斗一学就会

九、拉颈别摔

挡抓砍颈，后扫绊别腿摔，跪肋击敌头部。

徒手格斗一学就会

十、闪身掏腿按颈摔

闪身下潜掏腿；先拉虚晃后按颈；推摔拳击踩踏敌胸部。

徒手格斗一学就会

58

十一、挑臂背摔

闪身接腿背抗摔；跳步跨坐击敌后脑。

徒手格斗一学就会

十二、抄腿绊摔

接腿扫砍绊腿摔,踩踏击敌头颈背。

徒手格斗一学就会

十三、连踢压颈

扫踢腘窝抓压敌颈部;弹踢胸部压颈别逼控制敌。

徒手格斗一学就会

十四、抱腿接横接反击

左闪步外格并抄抱敌右腿,蹬踏击敌胸腹部,抬腿摔敌踩击捌腿。

徒手格斗—学就会

第 2 章 常用招式组合技击

徒手格斗一学就会

十五、抱腿别压

接腿下砸踩踏膝；扭脚推压别敌腿。

徒手格斗一学就会

十六、抱腿踹膝

抱腿踹敌膝关节使其摔倒后用腿攻击其要害。

徒手格斗一学就会

第 2 章　常用招式组合技击

十七、卡喉绊腿

抱腿抓敌喉部后绊敌支撑腿，使敌摔倒后卡喉制服。

第 2 章　常用招式组合技击

十八、抱腿绊摔

右腿绊住对方支撑腿,牵拉右腿将对方摔倒。

第 2 章 常用招式组合技击

十九、抱腿后挂摔

闪身接腿前扫绊；涮摔踩跪别敌腿。

第 2 章　常用招式组合技击

徒手格斗一学就会

第 2 章　常用招式组合技击

二十、连击踢裆夹锁颈

拳抢攻后踢敌人裆部,脚落地后拉颈下压双手配合锁颈。

第 2 章　常用招式组合技击

二十一、踹腿锁喉

偷袭，踹敌人膝关节使其下跪后锁喉。

第 2 章　常用招式组合技击

④

⑤

二十二、抱腿擒臂

从背后抱敌小腿使其摔倒后迅速压制其上身击打头部控制双臂。

第 2 章 常用招式组合技击

徒手格斗一学就会

二十三、转身反击

挡抓拉敌直拳后接后转身肘击敌背部，勾击敌肋踹击其膝关节将敌制服。

徒手格斗一学就会

第 2 章 常用招式组合技击

二十四、连击踢裆别臂

直拳主动击打敌面部,敌格挡时起右腿弹击敌裆部,然后反抓敌右手腕转身别敌右臂将其制服。

第 2 章　常用招式组合技击

徒手格斗—学就会

第 2 章 常用招式组合技击

第3章

被动解脱技巧

一、解脱对肩与臂的控制

1. 折手压肘

按抓手背推击敌肘关节；转身拧臂用力下压敌肘部；同时用膝跪压敌膝关节；控制敌跪地。

第 3 章 被动解脱技巧

2. 抓手击肋

左手抓对方左手,右手击对方肘部要害处。

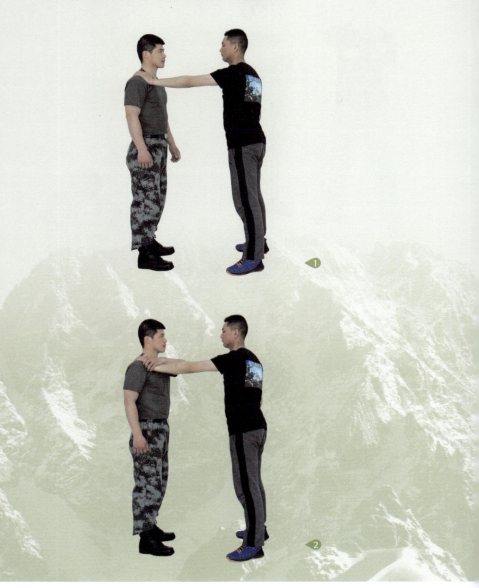

第 3 章 被动解脱技巧

3. 撞膝锁肩

敌从后方抓我肩时迅速转体双手合力锁住敌大臂用力下压接撞膝击打敌头部。

第3章 被动解脱技巧

徒手格斗一学就会

4. 转身缠臂按压折

左手拍按敌手；右臂抬起虚晃转急速下绕控制敌左臂；抗臂夹肘按压肩，转身骑跨提臂坐压敌肩。

徒手格斗一学就会

5. 转身反抓臂

右后转体左臂抬,双手旋婉扣抓敌双腕,左拉右缠反压敌左肘关节。

徒手格斗一学就会

第 3 章 被动解脱技巧

6. 拧手踢裆

敌正面抓我两肩时，抓敌拇指向外翻转；弹踢敌裆部，接着肘击打敌头部后双手擒拿敌手臂迅速向反关节方向下压制服。

第 3 章 被动解脱技巧

7. 外拧敌手接肘击

双手抓扣敌拇指外掰解脱；右肘击敌颈部或胸腹部；手臂外绕拍按敌左肘。

第 3 章　被动解脱技巧

徒手格斗—学就会

8. 后踹解脱敌抓后衣领

敌从后面抓我衣领时迅速后踹踢飞敌人摆脱控制。

二、解脱对方搂抱控制

1. "头撞击肋推摔"摆脱正面搂抱

敌从正面搂抱时,用头撞敌面部;双拳勾击击敌肋部;然后立即用手掌推敌下颌,配合腿绊倒敌人。

第 3 章　被动解脱技巧

2. "顶膝锁臂"解脱正面缠绕

正面缠抱时用膝撞其要害，脚落地踩住敌脚背接着双手协力锁住敌大臂下压制服。

第 3 章 被动解脱技巧

3. "踩脚肘击"解脱背后双臂搂抱

敌从后抱我时猛踩敌脚背后用肘攻其肋部,然后抓住敌手腕,绊敌脚后跟用力推敌身体使敌摔倒。

第 3 章　被动解脱技巧

徒手格斗一学就会

4. "掰手扭臂"解脱背后抱腰

掰手扣抓敌拇指;用力外掰左后转身折腕部弹踢敌胸部。

徒手格斗一学就会

三、解脱对方的勒喉控制

1. "撞肘顶膝"解脱正面双手锁喉

肘砸敌手腕减轻压力后继续用肘砸敌太阳穴,接着拉敌颈下压配合撞膝制服。

徒手格斗—学就会

第 3 章 被动解脱技巧

2. "踩脚接肘后击"解脱背后锁颈

右脚踩踏敌脚面；右脚落于敌两脚后侧，右肘挥起击打面部，右后转身左腿跨过对方身体，骑坐腰腹击敌头。

第 3 章 被动解脱技巧

3. "转身缠臂击肘"解脱背面双手锁喉

左脚撤步挥左臂,左侧转体左手下绕缠住敌双臂,右肘击左侧太阳穴扣住颈部,右膝顶敌头部,左手挑臂上提右手按压敌头部,制敌侧翻仰摔击敌头面部。

第 3 章 被动解脱技巧

徒手格斗一学就会

4. "撩裆击面推摔"解脱侧面锁喉

敌从左后偷袭锁喉时,右勾拳击打敌裆部;击面推按头部后摔击敌胸面部。

徒手格斗一学就会

第 3 章 被动解脱技巧

5. "插目弹踢大别臂"解脱后面锁喉

下潜闪身插敌眼；左肘后击双手抓对方右手腕；头部从右大臂绕出右脚击肋部，左手反扭敌手腕；弹踢别臂制服敌方。

第 3 章 被动解脱技巧

徒手格斗一学就会

第 3 章 被动解脱技巧

6. "抱腿摔"解脱背后锁喉

俯身蹲下时,敌从背后用右前臂锁住我喉结,我立即用左手推开其右手,接着用右臂抄抱敌右膝猛力抱起敌右腿把敌摔倒,击打敌要害部位。

第 3 章 被动解脱技巧

7. "击裆撞头"解脱按压掐颈

右勾拳击敌裆部;借势右肘后上方击打敌面部;左手掏抓敌手腕;右手卡喉将敌摔倒制服。

第 3 章 被动解脱技巧

徒手格斗一学就会